사다리와 시간과 아버지

전길자 시집

문학의전당 시인선
146

사다리와 시간과 아버지

전길자 시집

문학의전당

발문

삶과 시간과 식물이 엮는 무늬

성찬경 시인 · 예술원 회원

전길자 도반(道伴)의 새 시집 『사다리와 시간과 아버지』를 읽고 자연스럽게 떠올린 구절이 '삶과 시간과 식물이 엮는 무늬'이다. 이 구절을 조금 더 풀어서 부연하자면, 시간 안에서 '삶과 식물이 엮어내는 아름다운 무늬' 이렇게 될 것이다.

시간은 공간보다도 본질적으로 더 삶의 장소이며 더 숙명적인 의미가 있다. 공간 안에서는 우리의 생각대로 이동이 가능하지만 차례 온 시간의 좌표를 우리가 마음대로 바꿀 수는 없다. 시대적 좌표에 있어서만은 우리는 완전히 수동적이다.

그러나 시간을 어떠한 삶의 질료(質料)로 채워나갈 것인가 하는 문제는 전적으로 우리의 자유의지의 영역이다. 이때 시간에 풀리는 삶의 빛깔과 무늬를 시 쓰는 사람은 서정(抒情)이란 말로 표현하기도 한다.

전길자 도반의 시세계에서 대표성을 갖는다 싶은 것이 '식물'의 표상이다. 더 구체적으로 말하면 꽃과 나무다. 이와 같이 다소 추상적으로 힘들여 추론해서 얻게 되는 전길자 도반의 빈사(賓辭)는 '시간과 꽃과 나무의 시인'임을 보여주고 있는 것이다. 나는 그것이 어느 정도의 타당성이 있다고 믿는다.

여기에 한 가지 더 보태고 싶은 것이 있다. 그것은 시에서 '시간'을 중요하게 다루는 시인은 대체로 어떠한 시인인가 하는 문제다. 시간은 우리가 다루기 어려운 모순적인 모습을 하고 있다. 시간에 관해서는 역시 성 아우구스티누스의 생각을 떠올리게 된다.

시간은 영원한 현재이지만 잠시도 쉬지 않고 흘러가서 '지금'은 사라진다. 흘러서 사라지기 때문에 '현재'는 있다고 말할 수도 없지만 그렇다고 없다고 할 수도 없다. 현재는 반드시 과거라는 큰 '호수'로 흘러들어 그곳에 고이지만, 이것은 우리의 기억 속에 남게 된다. 미래는 현재 우리 앞에 없지만, 언젠가는 반드시 우리 앞에, 우리의 예상과 기대와 희망 속에 존재한다.

우리는 또 시간을 생각할 때 반드시 '영원'을 생각한다.

그러나 '영원'은 우리가 또 어떻게 다루어야 하는가? 도대체 '영원'이란 것이 우리의 정신적 능력으로 감당할 수 있는 것인가? 그러나 우리는 미래, 현재, 과거가 동시에 들어 있는 커다란 '그릇' 같은 것으로서 '영원'을 늘 상념(想念)에서 제거하지 않는다.

한 가지 분명한 것은 모든 시간은 사라지기 때문에 그리고 우리는 사라진 것을 그리워하기 때문에 시간은 그리움이요 슬픔이라는 점이다. 그렇기 때문에 인생의 본질은 슬픔이요 또 신비다. 그리고 이것 역시 전길자 도반에 해당하는 말이며, 넓은 의미에서 모든 시인에게 해당하는 말이다. 시로 쓰이는 인생은 늘 슬픈 모습을 하고 있다.

여기에서 전길자 도반의 시를 보도록 하자. 다음은 이 시집의 제목이기도 한 시 「사다리와 시간과 아버지」의 전문이다.

나를 떠나고 싶을 때
바람처럼 비처럼
시간을 타고 흘러요
언젠가 아버지가 지붕 위를 오르시던 사다리
꿈속에서 아버지도 사다리도
아슬아슬하게 만나던 아침은
눈물이 베겟모를 흥건히 적시는데요
왜 핏줄은 늘 눈물을 자아내는 것인지

결혼 전 길게 달필로 적어주셨던
당부의 말씀도
철부지 새댁의 시집살이 하소연도
등 두드리시며
"참을 忍자 세 번이면 다 좋아진단다."
그 목소리 사다리를 타고 내게 오네요
벌써 아버지 가신 지 십년
시간은 자꾸 뒤돌아 가나봅니다
나는 오늘도 아버지 곁에서 웃고 있어요

'사다리'는 떨어지는 길이 아니라 위로 위로 오르는, 이 세상과 하늘나라를 이어주는 층계의 구실을 한다. '사다리' 하면 또 왠지 종교적인 상념을 연상하게 된다. 천사와 밤새 씨름을 한 야곱도 씨름하는 장소로 가기 위해서 사다리를 이용한 것이 아닐까. 여기에서 사다리는 또 우리가 숙명적으로 피할 수 없는 이별을 나타내는 기호이기도 하다. 시간의 정거장이기도 한 사다리는 하늘의 음성을 지상에 전해주는 파이프이기도 하다.

이 시는 눈물이 배어 있는 원초적 비극을 참고 견디기 위해서 웃음 지을 수밖에 없는 인생의 모순적 양상을 표안 나는 솜씨로 부각시키는, 의미의 밀도가 매우 높은 시라 하겠다.

다음은 「나무들의 이력서」의 전문이다.

휴양림 산책길에
숲 해설가의 나무 사랑은
서사시를 쓰게 한다
상수리 열매가 묵이 되는 이야기야
식탁에 녹아 있지만
찰피나무로 묵주와 염주를
신갈나무로 짚세기를
굴피나무로 백 년 굴피 집을
떡갈나무로 방부제를 만드는
나무들의 이력서
출생의 비밀을
솔잎 걸어 신고하고
이 세상 떠나는 날
소나무 관 속에 누워 작별하게 하는
나무들의 이력서는
장편의 서사시다.

힘을 완전히 빼고 담담하게 읊어나가는 구절이지만 사연의 내용은 그야말로 '장편 서사시'다.

삶에 대한 경험과 관찰의 깊이, 시를 다루는 솜씨의 숙련도, 시의 의미의 밀도를 높이는 집중력, 이 모두에 있어서 빼어난 전길자 도반이 이제 할 일은 정진(精進)과 지속뿐이라는 생각이 든다. 전길자 도반의 새 시집 상재를 위해 모두 축배를 들자.

시인의 말

내 詩 한 구절이

누군가의 상처를 달래주었는가 반문하면서

늘 내 詩에게 미안하다.

2013년 華然齋에서
전길자

차례

제2부 단 한 번의 목숨

제3부 나무들의 이력서

제4부 붓꽃의 시학

제1부 날아온 돌에 맞은 적 있다

퀵 설악

설악을 내려오지 못한 가을이
주춤주춤 푸른 바람으로 서성이는 날
붉어진 마음 혼자 한계령을 넘는다
계절보다 먼저 붉어지던
설악도 신경과를 들락거리더니
한없이 게을러져 마음 추스르지 못하고
친구에게
가을 한 잔 퀵으로 배달한 후에야
불콰하게 취하는 단풍
한 열흘 지나야 단풍 곱겠지요
물어오는 이에게
정신과에 앉은 가을에게나 물어보라
통박 내뱉는
철들지 못한 가을앓이
혼자 웅얼거림만 늘어가는 세월을
잡아 앉힐 힘이 없다.

그 이름 엄홍도

몇 백 년 전의 일들이야
역사가들의 연구논문거리지
눈여겨볼 것 없다고 지나치는데
아뿔싸, 이런 게 충절이로구나
삼대를 멸하겠다는 포도청 방에도 끄덕 않고
강가에 버려진 세자*의 시신을
어둑한 시간에 도적처럼 옮겨다 가묘를 썼다니
그 이름 엄홍도
아브라함처럼 갈 바를 모르고 본토 친척도 뒤로 하고
길 떠나던 그 야밤이 소리 없이
모든 것을 기억하고 있었구나
지나온 길들은 모든 시간을 기억하는구나
삼대가 멸문 당하더라도
불의는 덮지 못하는 힘, 힘
그것이다
지금은 없는,
아니 지금도 숨어 있는
그 힘의 원천이여

---

* 단종의 억울한 죽음

여행이라는 말
— 호치민에서는 낙우송을 부다 목이라 함

가끔은 숨이 확 트이는 여행이라는 말

모르는 사람들 속에 묻혀보는 것이 얼마나 싱그러운 일인가 머리 맞대고 소곤소곤 밀린 얘기도 하고, 어려운 이웃쯤 슬그머니 외면도 하고, 걸치지도 않는 액세서리도 사고, 하지 않던 몸짓도 서슴없다 섬으로 둘러싸인 바다도 보다가 땅 위로 솟은 부다 목*을 보았네 나무 등걸 옆으로 거꾸로 주욱 둘러선 종유석 같은 뿌리들 불끈불끈 솟아 있네 사춘기에 들면 무조건 반항하고 보는 아이들처럼 저 구근들 하늘을 치받고 있는 것 보았네 가끔은 정신 번쩍 드는 여행이라는 말 모든 사람을 애국자로 만들기도 하고 어린아이로 만들기도 하고 온전히 사람다운 사람으로 만들기도 하는.

---

* 땅 위로 솟아 있는 뿌리

음이온을 심호흡하다

삶이 멀미인 이 시대에
용추계곡에 앉아 본다

바위틈 흐르는 물소리와
숲 바람이 만나는 곳에
음이온이 나온다는
건강 이상주의자들이 흘린 민간요법에
흠씬 젖어보는 아침 산책길

언제나 한걸음씩 뒤처지는
내 삶의 방식에

산꿩은 꺽꺽
비오롱 새는 비오롱 비오롱
괜찮다고 박수 보낸다

어제까지 축 쳐졌던 내 어깨에
힘을 실어주는

바람소리, 물소리,
산짐승 울음소리.

유월

물 자작나무 껍질 살살 벗겨내어
여름에게 편지를 씁니다

진초록으로 물든 세상을 보셨는지요
어제까지 투명한 연록의 잎들이 짙어졌어요

구름 그늘 아래 누워서 하늘을 봅니다

파아란 하늘에 열정을 다해
그리는 그림을

저렇게 최선을 다하고 살아왔는가
나에게 묻습니다

올해는 백 년 만의 가뭄이라고
농민들의 한숨이 논바닥을 쩍쩍 가르고 있는데요
우리들이 파괴한 자연에게 고개 숙여지는
오후 한때

얼마나 더 지식을 기르면
하늘의 지혜를 따라갈 수 있을까요

유월의 한숨 소리 듣습니다.

청령포 가는 길
—담을 넘어 서 있는 소나무

단종애사는 역사에 남아
누구나 한번은 눈시울이 뜨거워지는데

유배지 어가(御家)
담장 넘어 손을 뻗고 있는
소나무의 증언은 완강하다

단지 왕세손이었던 죗값으로
목숨을 내주어야 했던
恨을
보여주고 또 보여주는 소나무

은밀하게 달빛만 알고 있었을
처형의 장면을
담 안에서 뿌리내리고
소리소리 지르는 항변의 모습

꿈틀

한 번에 끊지 못했을
처절한 숨 멎음이

담을 넘어 세상 밖으로 소리치고 있다

늦가을 단상

새들은 나뭇가지에 매달린
까치밥을 쪼고
나는 옷깃을 여미며 새들을 바라보네

새들의 부리에 묻은 단물처럼
내 생애 남은 시간도
누구에겐가 단물로 남았으면

숨어 열린 주목나무의 빨간 열매가
계란에 독성을 내주고
환부를 치유하는 것처럼

내 생애 한 부분이
누군가의 상처를 달래주었으면

세상 한 귀퉁이에 남겨진 까치밥처럼
계절 한 귀퉁이에 매달린 주목나무 빨간 열매처럼

내 詩도
오늘 누군가의 상처를 달래줄 수 있다면.

지금도 끓고 있다

모든 것은 지나가는 줄 알았다

아직도 깊은 속살
붉게 달구고 있는 반다이 화산*
얼마나 한이 맺혔으면
몇 천 년을 끓고도 모자랄까

붉다 못해 노오랗게 끓고 있다

흰 거품 물고
몇 천 년 전에 뿜었는지
아주 투명하게 끓고 있다

조금만 건드리면
어디로 튈지 모르는 根性
지형을 따라
숲이다가, 바다이다가, 화산이다가
아주 평화로운 마을이다가

이십세기를 압도하는 도심이다가
그 지역 따라 인물이 배출되고 있는
저 깊은 용암의 배후에 목숨 걸고 있는

정신 차리지 않으면
저 용암이 언제 세계를 덮칠는지.

---

* 일본 후쿠시마 화산 국립공원

짧은 것이 길다

바다 위의 거대한 삼나무 숲

휴지 하나 보이지 않던 정갈한 마을을 지난다

몇 천 년 묵묵히 서 있는 울창한 숲속에서
바쇼의 발자취를 걷고 있는 지금

일본의 위상을 세우는 일에
詩의 몫을 들여다본다

"버드나무 아래 잠시 머문 것뿐인데
돌아서니 논 한 마지기를 다 심었더라"*

바쇼의 시 한 수로
섬은 가라앉지 않고

숲이 자라고 용암이 끓고

작은 것이 강하며

짧은 것이 가장 긴 것임을 보여주고 있다.

---

*바쇼가 걸으며 남긴 말을 비석에 새김.

시리우스별의 동화

아프리카 말리 절벽에 집을 짓고 사는
양서류 신을 믿는 도곤 족은
수만 년 전에 이미 알고 있었다네

쌍둥이 시리우스별을

하나는 밝고 하나는 어두워서 공존할 수밖에 없다는
천량성으로 가장 밝은 시리우스라는 별

수만 년 전에 얇은 지식인들이
이십세기 망원경으로 보아야 알 수 있는
시리우스는 쌍둥이 별이라는 것을 알고 있었다네

수만 년 전과 오늘의 거리 측정은 누가 할 것인가

외계인 ET를 밝히고
달의 목성 금성의 회전 속도를 밝히고
남극과 북극의 생태계를 밝힌들

수만 년 전의 도곤 족을 밝힐 수는 없었다지

은밀한 과학자들이 줄기세포를 만들었어도
지구가 순식간에 뒤엎어진다 해도

냉동인간 냉동식물들이 향기를 내게 하지는 못한다네

끝이 있는데 끝이 없는 진실
천부경을 읽다가
무릎을 탁! 친다네

아직 갈 길이 멀기만 하네.

가상의 원근법

레무리아 대륙엔
수만 년 전의 문화가 있었다지
지금도 꽃과 곤충 그리고 인간의 냄새가 살아 있다지
수십 킬로미터 얼음 밑에서 꽃과 곤충과 사람들의 향기가 있다네
그분만이 하시는 일에 도전한
신비주의자들이 내뱉는 언어의 희롱
"하나가 시작했는데 시작한 하나는 없다
하나가 끝냈는데 끝낸 하나가 없다"*
백 번을 뇌어도 모르는 말
수만 년 전에 레무리아 사람들은 알고 있었다지
오늘 경전에 기록된 일들을 정확하게 알았다네
그분은 노하여
레무리아 대륙을 순식간에 뒤엎어 버렸다지
오늘 우리의 지혜로는 어처구니 같은 일을 하셨다네
그분을 능가하려는
오늘날 신비주의자들이
레무리아 대륙을 엎으셨던 일을 기억해내는

지혜자가 나타나기를
손꼽아 기다렸다지
거침없이 천기를 누설해 버리는
지독한 어처구니가
이십이세기를 범람하지 못하게
레무리아 대륙에 다시 황홀한 길을 내야지
허리케인 바람도
만년설도 지우지 못하는
살아있는 길을 내야만 한다네

비밀은 비밀로 남아야 한다네

---

* 천부경 첫 구절에서 가져옴

아우라지

물길과 물길이 만나 에돌아가는 곳

말 못하고 지나친 첫사랑도
예 와서 만나질까
징검다리 하나 그 이름 한 번
징검다리 하나 그 이름 두 번
나이는 숫자라는데 사랑타령 한번 구성지다

쏟아지던 빗줄기도 잠시
햇살 부신 산딸나무 푸른 숲을 뛰어 넘네
산부엉이 울음 계곡을 넘네

기웃기웃 넘어보는 타지 마을
그도 그만 예도 그만
살아내는 마을만 내 것이라네

아닐세 산딸나무 숲 넘어가듯
산부엉이 울음 계곡 넘듯

세계가 하룻길

오늘은 정선에서
내일은 그리스에서

물길과 물길이 만나 에돌아가는
아우라지마다 서투른 이별노래 구성지다.

제장 마을*

동강의 낙원이라는
제장 마을에서 하루를 지운다

여기가 숲의 분지로구나

둘러보면 시야마다 푸른 잎들의 신음소리
어쩌면 못 다 이룬 첫사랑 한 소절
목이 터져라 뽑어내고 있을지도 몰라

계곡 물소리 사분사분
돌을 깎고 깎아 수석의 한 모양 새기고

달빛은 수런수런 제장 마을의 숙객들을 읽고 있다

이곳 어디쯤에서도 김삿갓은
한을 읊고 떠났음 직한데 발자욱 아련하다

허리 굽혀 고추 모 세우는 아낙은

여기가 뭐 그리 쉴 만하더냐고 혀를 차건만

산 울음 우는 부엉이 소리하며
솔잎 사이로 흐르는 계곡 물소리 어디서도 찾을 수 없네

미지의 세계는 늘 아름답지만
한번 눈 돌리면 사방 푸르름을
아무데서나 만날까
하루쯤 김삿갓 되어 터덜터덜
낮술로 살아보자.

---

* 동강에 있는 마을

최고의 증언

특별한 DNA의 소유자 앤디 워홀
9세에 정신병을 치료받았고
29세에 코를 성형할 만큼 자신에게 열정적인 워홀
"나는 상업미술가로 출발했으며
사업미술가로 마치기를 기대한다.
돈을 버는 것도 예술이고
사업을 잘하는 것은 최고의 예술이다."
세상의 일류만을 그려온
키가 작고 왜소하고 내성적인 워홀을
그가 떠난 뒤에야 읽고 있다
코카콜라 깡통이 소재였던
미국이 만들어낸 화가
침실에서 마릴린 먼로를 만나고
모든 사람들이 알고 있는
세계 최고의 사람들만을 그림으로
자신도 최고였다는 워홀을
시립미술관에서 읽으면서
"꿈꾸는 자는 이루어 낸다"는

앤디워홀의 증언을
읽으면서.

편백나무 숲

삶을 질러오라는
생의 명령을 어길 수 있을까 하여
삼 개월 시한부 생명을 달래려
편백나무 숲에 기대어 서는 일이란
참 난감한 시간이었어

지푸라기라도 잡아보는 심정이라 했던가

지상의 모든 일 잠시 내려놓고
삶을 내려놓는 마음으로
축령산으로 들어서던 날
함박눈이 먼저 반겨주었지

하얗게, 정말 네 생애는 티끌 하나 없이,
죄목 하나 없이, 당당했더냐 묻는 것 같았어

편백나무는
울퉁불퉁한 피부를 하고도 아무렇지 않게

매끈한 피부의 삼나무를 마주하고 있는 평화로움

자연은 그렇게 자신을 수긍할 줄 알고 있었어

서로 있는 사실을 인정하는데서 오는 평안,
너도 시한부 삼 개월을 인정하고 받아들이려는 마음이
편백나무 숲을 찾게 했겠지

시한부의 생인 너나
미지수의 생인 나나

다 비워내고 살아가는 게 이기는 거라고
편백나무 뿌리에게서 듣고

날마다 감사하자
날마다 웃고 살자
다짐하며 돌아오는 길은
흰 눈길처럼 환했었지.

날아온 돌에 맞은 적 있다
— 어톤 몬트*

길을 가다가 돌에 맞은 적 있다
어디서 날아왔는지 알 수 없으나
정수리를 강타하는 돌의 힘에 정신을 잃은 적 있다
잠시 후 뜨끈한 액체의 느낌
왠지 기분 나빴던 기억
아무도 탓할 수 없었던 그 억울한
벼락같은 기억
작은 계집아이의 순수한 사랑을 외면한
그 엄청난 벼락에
두 사람의 인생을 여지없이 망가뜨리고야
자신을 돌아보며 하는 후회
얼굴에 굵게 앉은 주름 사이로 흐르는 눈물의 기원을
차마 탓하지 말자
벼락이란 원래 기막힌 것이 아니던가.

---

* 영화제목

제2부 단 한 번의 목숨

사다리와 시간과 아버지

나를 떠나고 싶을 때
바람처럼 비처럼
시간을 타고 흘러요
언젠가 아버지가 지붕 위를 오르시던 사다리
꿈속에서 아버지도 사다리도
아슬아슬하게 만나던 아침은
눈물이 베겟모를 흥건히 적시는데요
왜 핏줄은 늘 눈물을 자아내는 것인지
결혼 전 길게 달필로 적어주셨던
당부의 말씀도
철부지 새댁의 시집살이 하소연도
등 두드리시며
"참을 忍자 세 번이면 다 좋아진단다."
그 목소리 사다리를 타고 내게 오네요
벌써 아버지 가신 지 십 년
시간은 자꾸 뒤돌아 가나봅니다
나는 오늘도 아버지 곁에서 웃고 있어요

시간도 늙는다

거실에 앉아 TV로 스페인을 걷는다
안달루시아 델마를 향해 가는 길목의
대서양은
바위 틈새로 밀어 올리는
두 자나 되는 키의
자연 분수로 달려들다가
하얀 포말로 부서지는 파도가
슬그머니 무지개를 데리고 스러지기도 하고

시간도 늙는다네
조상들의 미라를 곁에 두고
살고 있는 페루의 도시가
오늘 우리와 공존하고 있다니

몇 천 년이 미라와 함께 지나갔듯이
지나간 시간을 살고 있는 페루의 가정에서는
늙어버린 시간에 갇혀 오늘을 걸어가네

걷는 것이 오늘뿐이랴
어제도 내일도
죽음의 그날까지
걷는 것이 이생인데

지나간 시간이 TV 속에서
죽지도 못하고 숨을 쉬고 있네.

힘의 원근법

씨를 보호하기 위해 가시를 뻗었다는
박가시* 시작은 좋았다
1분에 10센티를 자라는 번식력을 이용해
오이 품종을 개발한 농부는 문화상도 탔다는데
이 번식력이 문제였다
물가에 궁전을 짓기 일쑤이고
농작물을 뒤덮어 버리기도 하고
농민들의 꿈인
비닐하우스도 뚫고 번식하는
자연계의 폭력배로 안주했으니
무엇에든지 감고 오르기만 하면
다 박가시의 도성이 된다
나무를 타고 오르면 고사목이 되고
농작물을 타고 오르면 폐농을 만들어 버리는
힘, 힘
이십일세기는
돈이 공식적인 힘인 줄 알았다
아니다 박가시의 힘은 막을 방법이 없다

시작과 끝이 같아야
오래 오래 덕목에 각인된다는 걸
박가시가 증명했다
다음 세대는 무엇이 힘이 될지
아무도 증명할 길 없다

＊미국에서 건너온 박(식물)의 한 종자

유성우를 기다리며

보기 드문 별똥별을 볼 수 있다는
예보를 듣고
지나간 시간의 한 모퉁이에 서서
그림자를 찾습니다

지나간 것은 다 그리워진다는
푸시킨의 싯귀가 아니더라도
이 아침 밝아오는 저 유리창을 보십시요
요즘 창유리는 왜 그리도 휑하니 크기만 한지요
초가지붕 밑의 얼굴만 한 창이 그립습니다

그 창에는 성에도 유난히 덮여
입김으로 문지르지 않으면
아무것도 볼 수 없었지요

동트는 것도
지다 남은 별의 그림자도
슬몃슬몃 지나간 유성의 꼬리도 보입니다

그때 별똥별 꼬리 잡고
그 사람 이름 미처 다 부르기 전
휙 사라지던 아쉬움까지
참 좋은 기억으로 남네요

---

*2009년 11월 17일 유성우 이야기에서

풍경

거울 못 카페 창밖의
분홍바늘꽃은 함초롭다
조용히 비제의 아리아가 흐르고
허공을 헤집고 달려드는 빗방울이
커다란 창유리에 사선으로 금을 긋고 있다
언젠가 보았던 미술관 액자 속의 알 수 없던 모형들
땀 흘려 가득 채웠을 시간들이
세모 혹은 네모로 그려지고 있다
연한 메로 스테이크로 허기를 달래는 일이
가까이 할수록 질리게 만드는 친구를 바라보는 일보다
눈물 나게 하네
창밖의 섬 초롱꽃은
섬이 아니어서 눈물 흘리고 있는 것인지
고개 들지 않는다
산딸나무 하얗게 꽃구름 덮던 어제가 있었던가
빗소리가 어제의 풍경 속에 스며들어
좀처럼 떠날 생각 없다.

여름

목이 타들어가는 한낮
검은 바람마저 분다

누군가에게 소리 지르고 싶다
낙우송 기근(氣根)*처럼
변태성을 꿈꾸는,

지구 평균 기온이 4도가 높아졌다는데
속수무책인 기상청
이십이세기에는
모두 기근처럼
하늘바라기가 되는 걸까

정상은 비정상을 꿈꾸고
비정상이래야 정상이 되는
냉동인간을 꿈꾸는 시간.

---

* 변태 근으로 석곡이나 풍란처럼 가지나 줄기에서 뿌리가 하늘로 올라가서 공기 중에 물기를 빨아들이는 뿌리

호수공원 1

수면 위에 내려앉는 나뭇잎 하나에도
길게 말 걸어주는 너

어제 노천명 시인의 묘소를
산이 닳도록 헤매어서 겨우 참배하고 돌아와
죽음도 이름이 있어야
쓸쓸하지 않겠구나 싶었다

날마다 죽을 것만 같던 밤을 걸어 나와
걷고 또 걷는 나의 그림자가 스쳐도
웃기만 하는 너

삶이란 게 어디 그리 헤프게 웃을 수만 있더냐

"보고 싶은 마음 호수만 하니 눈감을밖에" 라고
노래하는 정지용의 시비를 돌아
걷고 또 걷는다

천 개의 눈을 가졌다는 너를
사랑할 수밖에 없는 것은
거기 그 자리에
묵묵히 있어준 까닭이다

호수공원 2

입추, 처서 지나도
등줄기의 계곡은 마를 줄 모른다
이른 아침
호수공원 한 바퀴는
당 수치를 조절한다기에
관절 달래가며 시작한 건강보조운동이다
폭염에도 칠부 소매 옷을 고집하는
내 건강은 평점 이하
그래! 관절 달래가며 살자
건강 아끼며 살자
흥얼거리며 호수길 걷는 아침
잠자리 떼 나를 피한다
아하 무주 칠연계곡의 잠자리는
모자 위에, 어깨 위에 앉아 떠날 줄 몰랐는데
도시와 시골의 맛을 아는 잠자리들
누가 곤충이라 했는가
자연에서 맛보던 그 안온함
그 순수를 뛰어 넘어

"붙잡히면 죽음이다"를 터득한
호수공원의 잠자리들은
뒤통수 얻어맞아도 피할 줄 모르는
내 지능지수보다 한 단계 위다.

야생화 올레길

오늘 하루쯤은
세상을 비켜서서
비 내리면 비에 젖고
운무가 오르면 운무에 휩싸여도 좋으리

주목군락에 들면
나도 주목이 되고
이질풀 군락에 서면
나도 이질풀꽃으로 피어나리

외롭게 만났던
제비고깔꽃의 자태여

숨죽여 흔들리던 잔대꽃과
어쩌다 눈길을 끌던 초롱꽃 몇 송이
투구꽃과 까치수영, 노루오줌
애기싸리까지 합창하던 소나기 합주가
언제까지 귀에 쟁쟁하다

몸이 아픈 게 아니라
영혼이 쉬어야 몸이 낫는다기에

가장 소박한,
그러나 가장 강인한 야생의 길에 들던 하루

비비추, 마타리, 조릿대, 쉬땅나무야
자작나무 바람과 잎갈나무 숨소리까지 안고

숲에서 길을 가는 비안개 바람이여

개심사 입구

겨우내 가슴만 뜯다 지쳐
훌쩍 집을 나선 생각들
잠시 하얀 바람 만지다가
그늘에 스며든다

숲에 들어서자 그림자로 따라다니던
파란 햇살도 슬그머니 숨는다

호랑가시나무처럼 불우이웃돕기엔 눈도 돌리지 못했고
등나무처럼 살붙이들 힘들든지 말든지
박태기나무처럼 제 몸에 꽃 치장 몰입해도
미처 올라가지 못하고 말라 최후를 맞는 욕망들
생각 닫고 시간 문 닫고
내 안에 진 치고 있는 화의 복병 쓸어내고
숲에 든다
아왜나무* 잎에 앉았다 화들짝 달아나는 독기(毒氣)
소나기 한 차례 지나치려나
숲을 흔드는 광풍 멀리서 달려온다

---

* 잎에 물이 많아서 불이 닿으면 꺼짐. 방화나무라고도 함.

버드나무

네가 내 피를 맑게 하다니
늘 네 그늘에서 쉼을 얻었지
여름 시냇가에 늘어진 가지에
손닿기를 하던 깡충 뛰기는
어린 시절 즐기던 놀이 종목의 하나였어
봄 버들개지 눈뜰 때의
그 긴장감은 나의 피안이기도 했지
아마 나를 시인이 되게 한 것도
너의 그 파릇한 새싹의 흥분이 가져다주었는지 몰라
그런 네가
나의 피돌기를 돕고 있다니
버드나무야
어렸을 적 놀이친구에서
이제 죽음까지 편하게 동반하는
아스피린으로
내 곁에 있어주는 친구야

오월

겨울을 지나왔던가요
봄은 꽃구름에 갇혀 있고
창밖 민소매의 아가씨들 굵은 다리도 개성인 양
허벅지까지 올려 입은 치마가 추위를 몰고 오네요
내게도 지나쳤을 저 미니의 시간이 빙하기에 갇혀
온몸 소름 돋게 춥습니다
나는 어디쯤 와 있는 걸까요
읽던 책 옆으로 밀어놓고
계절을 들여다보고 있습니다
"무엇을 듣는다는 것은 자기 것을 비우기 위해 침묵을 익히고 있는 것"이라고
법정스님은 말씀하셨지요
지금 무엇인가를 보고 있는 이 순간도
나를 비우기 위해 침묵을 익히고 있는 중입니다
봄을 지나가는 시간은 여유를 선물합니다
바람도 풍경도 낯설어지고요
나른한 햇살도 나를 가벼워지게 합니다
낯설어짐의 여유는 두려울 수도 있겠지만

모르는 관계 속에서는
자유로울 수가 있어 좋습니다
봄이 지나가는 그림자 속에 서 있습니다.

숲에 들다

강줄기 따라 줄지어 있는
인동초, 찔레, 싸리나무, 잣나무, 적송, 얼기설기 칡덩굴
눈인사 미처 전하지 못하고 지나치는 마음 알까

마음 비우자고 떠난 발길인데
왜 시간에 쫓기고 있는 걸까

무엇에도 얽매인 데 없는,
시간밖에 가진 게 없는 몸인데

숨이 막히는 시간표

쉬었다 일어서고
쉬었다 다시 달리는
사람살이

숨 좀 고르자고 떠난 발걸음
달리기만 하네

숨 놓는 날에야 숨 고를 수 있을까

지나친 숲
자꾸 뒤돌아보고 또 돌아본다.

단 한 번의 목숨

봄이 슬그머니 그림자 접을 때
책 두어 권과
주소 가득한 수첩 하나 넣고
아는 이 없는 어느 깊은 산골에 닿아
잠자는 듯 며칠 묵고 와도 좋은
길 떠나고 싶다
양지꽃 피었다 지고
산딸기 농익어 기다릴 수 없다 소리 지를 때
푸드득 네게로 달려가서
대책 없는 짐 내려놓고
한 사나흘 갇혀 있고 싶다
누구도 대신 살아주지 못하는
단 한 번의 목숨
내 겨드랑이 파고드는
죽음 같은 역마살 엄습할 때
나는 가벼워진다.

미안하다는 말

차 한 잔의 시간이었다
꺼진 소파에 묻힌 체온을 털고
어둠보다 먼저
환한 목소리 귓전에 매달고 돌아서는데
꺼내볼 수 없는 형상처럼 길게
모든 게 더디다는 말
불현듯 오래 미안하다는 말
차 한 잔의 시간처럼
사랑했다는 말
오래오래 미안하다는 말
정체를 알 수 없는
그 잔혹한 말

한식

조상들의 유택을 돌아보는 길목
자식들은 얼마나 계산적인가
명절에야 한번 얼굴 들고 찾아뵙는 부모님
그래도 반가워만 하신다
작년 추석에 분명 푸르른 봉분 보고 왔는데
올 한식에 다 허물어져가다니
관리아저씨 모셔다가 견적을 계산하는데
툭 튀어나오는 말
너무 비싸요
돌아서며 아차
몇 년에 한 번씩 띠 올리는데 비싸다니
자식일이라면 좀 더 좋은 것으로
좀 더 편안하게 마음 쓰셨을 부모님
하늘같은 부모님을 어찌 따를 수 있겠는가
얼굴 붉히며 잡풀 몇 개 뽑아들고
돌아서는 발길이 부끄럽다.

제3부 나무들의 이력서

나무들의 이력서

휴양림 산책길에
숲 해설가의 나무 사랑은
서사시를 쓰게 한다
상수리 열매가 묵이 되는 이야기야
식탁에 놓아 있지만
찰피나무로 묵주와 염주를
신갈나무로 짚세기를
굴피나무로 백 년 굴피 집을
떡갈나무로 방부제를 만드는
나무들의 이력서
출생의 비밀을
솔잎 걸어 신고하고
이 세상 떠나는 날
소나무 관 속에 누워 작별하게 하는
나무들의 이력서는
장편의 서사시다.

단골병원

아버지 집 떠나신 지 십 년
수면 부족인 듯 꾸벅꾸벅 졸던 소파도
그 모양 그 자리
소화가 잘된다고 모시고 다녔던 횟집도
그 모양 그 자리
이젠 그 소파에 내가 앉아 졸고 있네
내가 찾는 횟집이네

오후에 그림자 밟으시며 거니시던 길도 거기 그대로
가쁜 숨 달고 찾으시던 병원도 그 자리 그 원장님
이젠 내가 찾아가는 단골 병원이네
내가 걷는 숨 가쁜 길이네

아버지
아무리 찾아도 보이지 않으시네

단골손님

환절기면 으레 찾아드는 손님 아무리 다정히 안아줘도 고뿔로 치고 들어오는, 못 견디게 열을 올리게도 하고 컹컹 참았던 울음 토해내게도 하는 못 말리는 단골손님을 누군가는 더 뜨거운 찜질로 대항하라고도 하고 누군가는 살살 도라지 청으로 풀어내라고도 하지만 면역이 된 약골로는 아무 효험이 없다 오늘도 삭신거리는 온몸 달래느라 이리 뒤척 저리 뒤척 방구들만 비빈다 저 하고 싶은 만큼 늑신하게 놀다가 싫증나야 떠나가는 저 단골손님 막을 길은 나를 단련하는 일 영하의 날씨에도 마스크하고 털목도리하고 운동화 찾아 신고 단골손님 사촌인 짓궂은 바람 동행하여 길을 나선다.

백록담의 고사목

오르는 길은 숨이 막혔다
귀한 것일수록 목숨을 걸어야 하는 것
무릎에 피가 흐르고
발목도 시큰거린다
정상에 가까워서야 만나는
살아서 빛나는 고사목
죽기까지 버티는 일이 고사목에만 있겠느냐
죽어서도 살고 있는 예수는
묵묵히 나를 따르라고
십자가로 서 있다
날마다 귓속말로 길을 안내하는
백록담의 고사목처럼
들을 수 있는 귀를 가진 사람만
묵묵히 정상의 정수리를 향해 걸어간다
죽는다는 것은
모든 삶의 정수리를 걸어가는 일
고사목으로 서서
숨죽여 기어가는 산 나무를 잡아주고

엎드려서야 죽음을 넘어가는 삶을 배우는,
생사는 수레바퀴
죽음의 정수리를 지나야
사는 일과 상봉한다

죽음을 연습하는
산 자들의 오늘.

나와의 거리만큼만

오늘도 길을 나섭니다
가지 않으면 숨 막히는 이 길
기다리는 이도
오라는 이도 없습니다
저 해와 달
그리고 별을 향해 갑니다
가진 것 다 비우고 가는 이 길
가볍습니다
아무 생각 없습니다
눈앞의 모든 것 보이지 않습니다
모든 것 다 보입니다
나와 나와의 거리만큼만 보입니다
내 안에 팔딱이는 맥박소리
그 소리 경쾌하게 들립니다.

무케두아르 게이트*

귀중한 것일수록 가까이 하지 못하게 막을 두른다 타지마할도 그랬다 붉고 투박한 담장 한 귀퉁이 좁은 문을 지나야 볼 수 있었다 샤 자한의 눈물을, 아니 마르지 않는 사랑의 강 아무르를 다 품고 있는 무케두아르 문을 들어서면 눈이 부셔서 눈을 감아야 볼 수 있는 세기의 무덤 타지마할이 지워지지 않는 물그림자를 동행하고 나타난다 사람들은 쌍둥이 무덤이라 부르기도 한다 언제나 샤 자한의 그림자로 따라다녔던 뭄타즈 마할을 죽어서도 살고 있는 여인이라 부른다 녹슬지 않는 사랑을 이십이 년 세월로 하얗게 새하얗게 문신을 새겨놓은 샤 자한의 사랑, 개인의 사랑이 세계문화유산으로 높이 평가되어도 그의 핏줄은 심판했다 국고 탕진의 형벌을 팔 년간 눈물로 받아내야 했던 어떤 형용사로도 표현할 수 없는 인간의 무덤 타지마할을 지키고 있는 무케두아르 게이트를 기억하는 사람은 드물다.

---

* 인도에 있는 타지마할의 입구

갠지스의 기적

인도에는
갠지스 강이 있다.

갠지스 둘레를 따라 길게 서 있는
사원과 요가원, 화장터와 오물적치장
그리고 강 위쪽에 둥둥 떠 있는
죽은 소의 시체
그 아래 강에서 일출을 바라보며
그 죽은 소의 피를 마시며 목욕재계하는
무언의 슬픔들이
차멀미로 기우뚱 스미는 풍경

삯배에 앉아
붉어지는 하늘을 잠속에서 만난다
선잠도 마이크에 울려 퍼지는 경문이 될까
강가에 기원들이
무병장수를 잉태하고,
구걸하는 검은 손을 내리게 하고,

재벌가를 만들고,
여행가들의 호기심을 잠재우고

갠지스는 그렇게 영원히 말이 없을 것이다
다만 무수한 입소문이 바람 타고 강줄기를 흘러내려
지도의 동서남북을 흔들 뿐

언젠가
종교가 하나 되는 날
저 넓은 땅덩이 불쑥 일어서서
갠지스가 기적을 이루었다 하겠다.

눈물

토끼 옆에 하마
이렇게 말하면 그건 아니라고 말하겠지만
우리나라 옆에 붙은 중국에서
금메달 열세 개 한국 신기록에 감격하다가
인해전술 같은 올림픽 폐막식
그 감격보다
저 엄청난 베이징 잔치 뒤에
울고 있는 바오딩마을*의 눈물을 보았다
전 세계를 시원케 하는 분수놀이는
40도를 웃도는 찌는 더위와
금메달에 죽을힘을 쏟는 선수들의 땀을
잠시 식혀 주었을까마는
바오딩농민들의 목마름은 분노로 폭발했다
2008 베이징!!
화려한 1위 국가 창출은
중국 국민의 죽음 같은 희생이었다
아 죽음 같은 금메달이여
죽음 같은 1위여.

---

* 베이징 시 옆 마을 바오딩 농민들은 올림픽을 위해 죽음 같은 식수난에 분노를 토했다고 한다.

도장과 사람

할 일 없이 인사동 화랑을 기웃거리며
이관우 서각전을 보다가
수만 개의 이름들이 사람으로 박혀 있는
120호 액자를 들여다보다가
이름이 사람으로 걸리는
서각액자를 보다가
수만 개의 나무도장이 사람이 되어
액자에서 걸어 나와
소원이던 집장만도 하고
평생을 살아도 될 빌딩에도 꾹 눌러 앉고
결혼서약도 하고
사는 게 이런 거지
호탕하게 웃어 보이고는
액자 속으로 들어가는 걸
지켜보기만 하던
인사동의 하루

경의선 열차

한때는 손 빈 연인들의 데이트 장소로 애용했던
경의선 열차
하루를 접어도 부담이 없어
객차마다 연인들의 부푼 모습들로 환했지
돌고 돌아도 그 자리에 오를 수 있는
일산역에서 잠시
재래시장을 기웃거리다가
주름진 노파의 갈라진 손톱 사이로
언뜻언뜻 피맺힌 한숨도 한 줌 얹어주는
봄동 한 보따리 사백 원에 사들고
겨울이 훈훈했던 그때가 기억나
지금은 서울역에서 문산을 오가는
화려한 역사들을 지나는데
〈아름다운 화장실〉 대상을 수상했다는
일산역에서 급한 일 보다가
잠시 그 주름진 노파의 터진 손톱을 본 것도 같아
여전히 한쪽에 앉아 있는
경의선 일산 역사를 기웃거리네

경의선이여
봄동 한 보따리에 주름진 노파의 한숨까지 얹어주던
그 따듯했던 겨울을 기억하는가?
묻고 또 묻고 싶네

전화 받는 여자

두 시 서울역에 내립니다
멀리서 전화선 타고 내리는 목소리
보자는 얘기지요?
그 뭐 간다고요
키가 큰 그 사람
편지는 다른 여인에게 쓰고
내게는 전화만 건다
나갈까 말까
누군가 영화 한편 보자는데
그는 술을
나보다 많이 좋아하는데

나의 카타콤

지하로 내려갈수록

생활비가 필요치 않았다

품위 유지비 따위는 액세서리다

서로가 서로에게

살아서 자유를 누릴 수 있는 곳

조금 일찍 알았더라면,

길은 늘 열려 있었다

막다른 길인가 하면 사방으로 트여

어쩌면 더 많은 선택의 길인 것을.

파도 무지개

일기예보가
영하 십구 도라거나 말거나
눈이야 내린다거나 말거나
울진 동해바다로 간다

밀려오다 솟구치며 무지개 띄우는
파도 무지개여

할 수만 있다면
함박웃음 활짝 웃는 풍도 바람꽃처럼
바람아, 칼바람을 몰아 오너라

무수히 얻어맞고도
그 자리에 우뚝 서 있는 질긴 인연아

처얼썩 철썩 악을 쓰며 솟구쳤다
무지개를 펼치는 파도처럼

솟구쳤다
순간 속으로 사라지는
지상에서의 사랑.

오로라

하늘에서 색의 춤판이 벌어지고 있다

푸른 명주천을 휘돌리며
버선코를 살짝 들어 올리는
살풀이 춤판을 보고 있는 듯

현란한
순간적인 색의 잔치

나도 한때 모든 선망의 시선을 갈망한 적 있었다

꿈으로 묻힌 독무(獨舞)의 갈채였지만
전기의 입자가 자기장을 만난 것처럼
빛과의 상호작용을 기대하는 습성을
지금도 버리지 못하고 있는 나

TV로 세계를 걷다가 만난
잊혀진 꿈의 춤판

순간을 위해 세계의 발길을 모으고 있는
상품가치 만점인 춤판 앞에서
숨죽인 극소수의 관객들 속의 나

언제나 선택된 순간은 오지 않는다

빛의 자기장
누구나 누릴 수 있는
살풀이 춤

시간의 입자

소나기 쏟아지는 날
종일 빗속을 거닐면
빗소리의 허리가 만져지네

쏟아져 내게 안겨오는
저 빗소리의 가녀린 등뼈

만지면 으스러질 것 같은
형체 없이 스며들기만 하는
어쩌면
벗을 것 없는 시간들의 입자

뼈만 앙상히 남아 있는 것인지
가여워라
내일 없는 내일의 소리들

빗소리에
다시 젖고 있네

시월 숲에서

가을 산처럼 붉디붉은 시간 속으로
당신을 불러들이고
그때는 이랬었노라 화답을 구하기도 하는데요

툭 떨어지는 알밤 한 송이가
그 시간들 기우뚱 눕게 하네요

모자라는 반쪽들이 만나
호두알 같은 한 가정을 이루었다는 걸 잊기도 해서

깨어질 듯한 순간도 지나고
울퉁불퉁한 세월의 무늬 만들어 놓기도 했습니다만

시월이 가면
한기 스미는 시간 속을 걸어야 하는데요

우리 이만하게라도 살아가는 걸 따듯하게 품어 보렵니
다.

카페 테라로사

가방에 세면도구 달랑 넣고 훌쩍 고속버스 타고 강릉 학마을에 가면 카페 테라로사의 커피향이 파도처럼 와락 내 품에 안기는데요, 커피보다 더 진한 바리스타 손정민이 삼나무 향이 배어 있는 블랙마운틴*보다 달콤하게 커피 안내를 하는데요 베르가못 향이 나는 모카 예가 체페* 1등급은 장미향에 살구향까지 맛보여 주는데요 세상이 흐물흐물 천지가 내 것뿐이더라구요 흔적 혹은 점이라는 뜻의 마끼야또* 에스프레소 한잔에 우유 한 컵 마시면 속을 달래준다는데요 찬물로 내려주는 덤치* 아이스커피 맛은 잠시 여름이 왔다 갔던가 하는 삼매경에 들게 하는데요 친구는 1년 걸려 배웠다는 커피 나라 이야기를 한나절에 마스터하고 일어서는데요 에티오피아, 이탈리아, 인도네시아… 여름 배낭여행 떠났다가 돌아온 같네요 행복이 뭐 별건가요?

---

* 커피 이름들

제4부 붓꽃의 시학

은방울꽃

꽃이 좋아
베란다에 작은 화단 만들던 날
은방울꽃 너도 같이 왔지

사랑으로 주는 영양만점 물에 순응해
첫해는 넓은 잎새 뒤에서
은방울 짤랑짤랑 울리더니

올 여름은 잎새만 덩그마니
쓸쓸하구나
지나온 내 생애 우울증으로 허덕이는 것처럼

아무리 귀를 쫑긋 세워도
들리지 않는 너의 노래

여름이 다 가도록
나의 병세 깊다

동자꽃 군락은 빗물이 씻고

그곳을 무어라 불렀는지도 잊었다

다만 여섯 해 전이던가
일곱 해 전이던가
텃밭 한 골이 전부 동자꽃으로 앉아
나를 바라보았던 그때가

그 후로 내 눈썹 끝에 아슴거리던 그 애
조그맣고 키 낮은 그 애들이
안개비에 휩싸여
다시 나를 쳐다보던 그날

금대봉 동자꽃 군락은
빗물이 씻고 간 투명한 얼굴에
내가 화사하게 담겨 있어

야생은 야생이어야 실한 것을
인간의 욕심이 품고 와

난쟁이 동자로 바꾸어 놓았었구나

다 제자리에서라야
마음껏 힘을 낼 수 있는 것을.

달개비꽃*

당뇨에 효과가 있다는 달개비를 들여다본다
자연은 항상 주기만 하는데
맑은 공기를, 맑은 향기를, 마음의 평안을
나는 얼마나 사악한가
젊음을 혹사하고 마음껏 낭비하다가
기우뚱 무너지기 시작했다고
이제까지 받기만 했던 자연을 넘보다니
눈을 뜰 수 없는 아침
슬그머니 죄짓는 일에 마음이 동해
나도 모르는 사이
그 당뇨 약에 이미 희생되었을
달개비에게 목 숙여 사죄해보는데
아직도 목숨은 붙어 있으니
얼마를 더 죄짓는 일에 가담해야 하는 것인지
날마다 달개비에게 사죄하는 하루.

---

* 당뇨병에 다려 먹는 달개비(닭의 장풀)는 꽃잎이 두 장이다.

질경이

걸어야 한다고 하루도 쉬지 말고 걸으라고
의사가 말했다
조금만 게으르면 올라가는
당 수치 앞에
어린 양이 되지 않으면
죽음이라는 엄포에
고개 떨구고 걷는 어느 날
파랗게 일어서는 풀
누가 밟았는지
허리 꺾이고 뭉그러진 잎새를 자꾸 세우더니
얼마나 지났을까
좁쌀 같은 알갱이 매달고 일어서는 대궁!
질기기도 하지
그게 질경이인 줄이야
얼마나 서러우면
눈물 같은 좁쌀알갱이 매달았을까
혼자서 걸어가는 나의 봄
엄살이 너무 심했나 보다

붓꽃의 시학

가끔 나를 떠나
나를 뒤돌아보는 순간이

낯설어질 때
낯선 땅에 서보는 것처럼 아늑함이 있을까

바쇼의 해안 길을 따라 걷다가
문득 누구였더라
"살면서 한번쯤 미쳤다는 소리를 들어보지 못했다면
한번도 목숨 걸고 도전한 적이 없었던 것이다"
귀에 쟁쟁 울린다

김삿갓은 한에 맺혀
자신을 소진하였다던가

막걸리 한 잔에 시 한 수를 팔았을 슬픔이
목울대를 치받는데

동행을 거느리고 유유자적
해안과 숲속에 길을 내며
풍류를 흘리고 다녔던 바쇼의 행적을 따르다가

짚신에 붓꽃을 묶어
달려드는 해충을 막았다는 비문을 만났을 때

술 한 잔에 시 한 수로 떠도는
김삿갓을 바쇼와 만나게 해주어야 한다는
간절함이 왜 떠오르는지.

도시의 슬픔은 전염성이 강하다

정월에도 눈꽃이 피다니

일산 열병합발전소 거리는 암회색이다
몇 천 도의 열을 뿜어내어
하얗게 내리는 눈송이가
나뭇가지에 앉을 사이 없이
녹아 흐르는데

반짝이지 않는 눈송이의 눈물

어느 겨울엔가 보았던 양수리의 눈꽃들은
가지 끝에서 반짝이는 얼음꽃으로 빛났었는데

도시의 슬픔은
전염성이 강하다

오늘 아침 이 거리의 눈꽃들이
미혼의 딸을 벽제에서 이별하고 있다는

친구의 소식만큼이나 쓸쓸하다

이생은 만나고 헤어지고 또 만나고,
나의 눈물은 매운바람 탓인 게다.

영산홍 뒤에서

영산홍 뒤에 숨어 핀
명자꽃 슬프다

명자꽃 피면 만나자던 그는
몇 십 번 피었다 지는 명자꽃 잊었는지

오늘도 슬그머니 영산홍 뒤에서
혼자 피는 명자야

그래도 세월은 가고

바람의 그림자로 서서 웃는 명자야
하루를 백만 송이로 우는 명자야
어제의 비바람에 피눈물로 땅을 적시고 있구나

그래 약속이야, 약속일 뿐이지

또다시 수십 번을 피었다 진들

너는 오지 않겠지만
온다 한들 무엇이 달라지겠느냐

눈가의 어설픈 미소만큼만 반가운
그때 그 사람.

영천, 복사골

도화(桃花)
십리 길 몸살 풀어 놓았네
분홍입술 활짝 열고
바람도 좋아
벌, 나비도 좋아
네 웃음에도
벌 나비 숫자가 모자라
인공수정을 해야만
풍성한 수확 얻을 수 있다니
도화 그늘에
누워 뒹굴기도 하고
도화 입에 물고
나풀나풀 나비도 되었다가
벌떼 속에 엉켜
이리저리 날아보니
불룩한 뱃살
해산 기다려지네
연분홍

쭉 뻗은 장딴지
도화에 휘감겨 불붙는 줄 모르네
영천 복사꽃 마을
환장할 봄날이었네.

천년의 향기
— 육백 년 된 매화와 배롱나무

육백 년을 넘나드는
오죽헌 뒤란에서 밀려오는
짙은 매화 향에 젖어 보신 적 있나요

낙화 한 송이 꽃술에서 일어서는
육백 년의 正氣
툇마루에 앉아 받아 보세요

잠시 넋을 잃어도 좋겠습니다

어린 율곡이 오수를 즐기던
육백 년 매화 향 잦을 무렵
배롱나무 활활 타오르겠지요

목 시린 봄날
신사임당 영정 지키고 있는
불끈불끈 도드라진 육백 살 배롱나무

오죽헌은
육백 년 동안 향기로 증언하고 있는
충성스런 증인들 목책 둘러 숨겨 놓고

천 년이 가도 지나간 시간
불러낼 겁니다

별꽃의 배후

무심히 지나치게 하는
작고 키 낮은 반짝거림

얼레지나 바람꽃, 현호색 옆에서
의젓하게 자리하고 있었구나

현란한 꽃들의 이름 부르며
탄성을 지르는 무리들 옆에서도

네 꽃말처럼
추억을 더듬고 있는지

숨어서 시선을 끌어당기는
작아서 마음 당기는,
봐 주는 이 없어도 반짝여서
빛나는

네 얼굴에 엎드려 경배하는 하루

별꽃

너의 그늘은 참 따스하구나.

목수련초

물이 있는 곳이면 어디서든지
일년초 꽃대궁에서 처연히 빛나던 연보라꽃
누가 수련을 물에서 올라온 선녀라 했는가
대공원 숲길 걷다가
나뭇가지 끝에 아련히 솟아 앉은
순백의 너를 만나고
숨이 멎었던 기억 지울 수 없구나
생년월일이 같은 잎들이 와르르 태어난*
나뭇가지 사이로 빛나던 너는
절망의 늪을 허우적이던 나를 말없이 돌려세우고
삶이란 느긋하게 기다리는 것이라고
조용히 바라보는 것이라고
허리 곧추세워 걷는 법 일러주기도 했지
어느 날이던가 비닐하우스 꽃집에서
작은 화분에 앉아 말없이 나를 바라보던 너를
집으로 데려오고
날마다 물을 주며 물었다
오늘도 나는 안녕한가

오늘도 더 많은 기다림으로 길을 가야 하는가
가냘픈 분재로 꽃을 피우는 너를 보면서도
나는 끝끝내 꽃피우는 법 묻고만 있다.

---

* 오규원의 시 「4월과 아침」에서

벌레잡이 제비꽃

양평 산자락에서
다육이과인 너를 처음 만난 후
두툼한 잎 사이에서 가늘게 뻗은 줄기 끝에
외로 고개 돌리고
환하게 피어 있는 진분홍 너를 잊은 적 없다

어느 야생화 꽃집에서 너를 다시 만났을 때
나도 알 수 없는 눈물이 났지

한 송이 품에 안고 돌아와
날마다 물을 주고 들여다보던 어느 날
정말 너에게 목숨 거는 날파리들 보았지

아름답기만 한 네 화려함에 취해
죽는 줄도 모르고 달려든 날파리들처럼
우리도 순간적인 사랑에
목숨 거는 불쌍한 목숨인 걸 고백하게 하는
너 벌레잡이 제비꽃아

세상에 목숨 걸 만한 사랑 있드냐
다시 묻노니
목숨 걸 만한 사랑 따윈
애초에 없다는 걸 알리기 위해
열심히 번식하는 너를 보며
나는 천국과 지옥을 본다.

동박꽃* 풍경

바닷가 찻집 고독에는
실뿌리 내린 동박꽃병
차탁(茶卓)에 앉아 있다
산 사내 먼저 산으로 보내고
화장기 없는 여인 홀로 지키고 있는
찻집 뒤란에는
해당화 한 그루 허약하게 잎 틔우고
상사화 푸른 잎 실하게 고개 들고
여인의 상사증 심하다고 걱정이다
바다가 그립다고 찾아드는 낯선 구면의 객들과
남은 산사람들 가끔 그림자 드리우는 곳
고독은 비워서 가벼운 게 아니라
가득 차 넘치는 것이라고
부지깽이를 꽂아도 싹틔운다는
봄 텃밭 가꾸는 여인
옷깃 여미는 바람결 목에 두르고
하얗게 밀려오는 고독 한자락 품고 산다

---

* 생강나무의 사투리

상사화 피면

어느새 산수유 목련 꽃비 내리고
라일락 향기 온산 휘돌아가네요
금낭화 종소리 쩔렁이고요
진달래 화전 맛깔스럽습니다
냉잇국 한 사발에 현미밥 한 공기
게 눈 감추듯 비웠습니다
유월이었습니다
상사화 구근 들썩이는데
그 사람 얼굴 생각이 나네요
유월이었어요
산수유 목련 길 걸었던 게지요
꽃그늘 어지러워서
주저앉습니다
이제 막 상사화 핀다네요.

세상에 못 견딜 상처가 없겠다

하늘타리 꽃

하늘 수박이라고도 하고
천선지루라고도 하는 너

어린잎은 데쳐서 나물로 먹고
다 자란 잎이며 뿌리는 당뇨에 좋고
뿌리를 달여 마시면 유방암에도 좋다는 구절에
마음 빼앗기는 걸 보면
내 이기심을 주저앉히지 못하겠구나

이름처럼 하늘거리는 하얀 수염을 달고
먼 그리움을 향해 나풀대며
하늘만 향해 뻗어가는

너 하늘타리야

하늘하늘 하늘거리는

바람 결 따라
너를 먹어버릴 생각만 하는
내 가슴 속으로 달려드는
너를 보면

세상에 못 견딜 상처가 없겠다.

꽃멀미

하동 산자락마다 매화꽃 멀미였네
섬진강도 어질병 하네
여인네 긴 옷자락에
매화마을 끌려가네
저걸 어쩌누 저걸
홍쌍리 할매 등에 하얀 꽃물결
울컥 터지는 꽃 멍울
무슨 한이 있기에
십만 그루 넘게 이 산 저 산
매화나무 심었을까
항아리마다 넘치는
홍 할매 영감 얼굴
저 하동 산자락 옆에 서면
나도 울컥 어질병
봄을 토하고야 말겠네.

전길자 서울에서 태어나 숙명여대 국문과를 졸업했다. 한국시인협회 상임위원, 기독교문인협회 부회장 역임, 공간시낭독회 상임시인으로 활동 중이다. 시집 『나무는 아파도 서서 앓는다』 『저 새떼들이 부럽다』 『안개 마을』 『길 위에서 길을 찾는다』 『이루어 지이다』 『바람의 손』 『꽃의 기호』와 『하루분의 기쁨』 외 합동 수필집이 있으며 〈기독교문학상〉 〈숙명문학상〉을 수상했다.

E-mail: poem424@hanmail.net

문학의전당 시인선 146

사다리와 시간과 아버지

초판 1쇄 인쇄 2013년 1월 21일
초판 1쇄 발행 2013년 1월 25일
지은이 전길자
펴낸이 김석봉
디자인 조동욱
펴낸곳 문학의전당
출판등록 제311-2012-000043호
주소 서울시 은평구 연서로11길 7-5 401호
편집실 서울시 마포구 공덕2동 404 풍림VIP빌딩 413호
전화 02-852-1977
팩스 02-852-1978
블로그 http://blog.naver.com/mhjd2003
전자우편 sbpoem@hanmail.net

ISBN 978-89-98096-16-8 03810